# ARRÊTÉ MINISTÉRIEL DU 5 AVRIL 1886

## PORTANT INSTRUCTION

## POUR L'ÉTABLISSEMENT DES PROPOSITIONS

### POUR LE GRADE DE

# SOUS-LIEUTENANT

## DANS L'ARME

# DE LA CAVALERIE

(Modifié par la note ministérielle du 18 février 1889.)

| PARIS | LIMOGES |
|---|---|
| 11, Place St-André-des-Arts. | 46, Nouvelle route d'Aixe, 46. |

### IMPRIMERIE ET PAPETERIE MILITAIRES

# Henri CHARLES-LAVAUZELLE

Éditeur militaire.

1889

# ARRÊTÉ MINISTÉRIEL DU 5 AVRIL 1886

## PORTANT INSTRUCTION

## POUR L'ÉTABLISSEMENT DES PROPOSITIONS

## POUR LE GRADE DE

# SOUS-LIEUTENANT

## DANS L'ARME

## DE LA CAVALERIE

(Modifié par la note ministérielle du 18 février 1889.)

| PARIS | LIMOGES |
| --- | --- |
| 11, Place St-André-des-Arts. | 46, Nouvelle route d'Aixe, 46 |

## Henri CHARLES-LAVAUZELLE

Éditeur militaire.

1889

C.

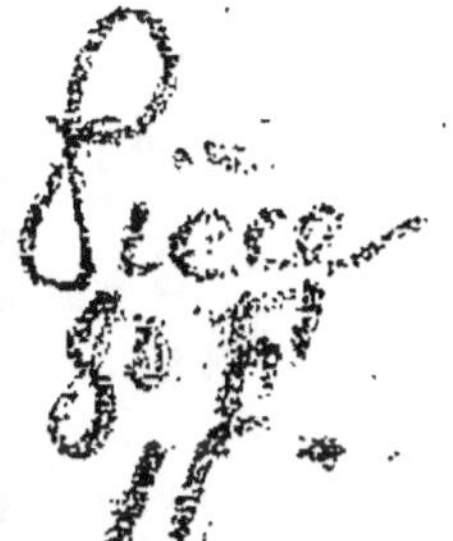

# ARRÊTÉ MINISTÉRIEL

## DU 5 AVRIL 1886

*Portant instruction pour l'établissement des propositions pour le grade de sous-lieutenant dans l'arme de la cavalerie.*

---

Art. 1er. En temps de paix, nul ne peut être proposé pour le grade de sous-lieutenant dans l'arme de la cavalerie s'il ne justifie d'une instruction générale suffisante par la production, soit du diplôme du baccalauréat de l'enseignement secondaire spécial, soit du diplôme *complet* de bachelier ès lettres ou ès sciences, soit enfin d'un certificat délivré dans les conditions déterminées au titre Ier du présent arrêté et dont le modèle est ci-annexé.

Art. 2. Les propositions pour le grade de sous-lieutenant sont établies à l'inspection générale dans les conditions indiquées au titre II.

Art. 3. Les dispositions contenues dans le présent arrêté ne sont pas applicables aux sous-officiers qui, par suite d'événements de guerre ou de séjour aux colonies, n'ont pu fournir tout ou partie des justifications prescrites.

Les sous-officiers se trouvant dans ces conditions sont l'objet d'une décision ministérielle spéciale, prise sur le vu du mémoire de proposition établi en leur faveur.


## TITRE PREMIER.

### OBTENTION DU CERTIFICAT D'INSTRUCTION GÉNÉRALE.

Art. 4. Le certificat d'instruction générale s'obtient à la suite d'épreuves écrites.

À cet effet, le 1er février de chaque année, les chefs de corps adressent au général de brigade la liste des sous-officiers qu'ils jugent susceptibles de pouvoir être ultérieurement l'objet d'une proposition pour le grade de sous-lieutenant.

Les sous-officiers de cavalerie du cadre des écoles militaires et ceux de la 5e compagnie de cavaliers de remonte sont désignés par le commandant de l'école à laquelle ils sont attachés.

Les sous-officiers des 1re, 2e, 3e, 4e, 6e, 7e et 8e compagnies de cavaliers de remonte, ainsi que ceux qui sont détachés dans le service des remontes, sont désignés par le commandant de la circonscription de remonte.

Les commandants des écoles militaires et des circonscriptions de remonte adressent, à la date ci-dessus indiquée, la liste des sous-officiers désignés par eux, au général de brigade chargé de les convoquer pour les examens, ainsi qu'il est déterminé à l'article 6.

Art. 5. Dans toutes les épreuves, le mérite de chaque candidat se constate et s'apprécie par un nombre entier pris dans l'échelle de 0 à 20, ainsi déterminé :

> *Parfaitement*........ 20, 19,
> *Très bien*........... 18, 17, 16,
> *Bien*............ 15, 14,
> *Assez bien*........ 13, 12, 11,
> *Passable*.......... 10, 9, 8,
> *Faible*............ 7, 6, 5,
> *Mal*.............. 4, 3, 2,
> *Très mal ou nul*..... 1, 0.

## Compositions.

Art. 6. Le 15 mars de chaque année (le 16, quand le 15 tombe un dimanche ou un jour férié), tous les candidats désignés par les chefs de corps ou de service sont convoqués par le général de brigade dans la ville siège de son quartier général, pour subir les épreuves écrites (1).

---

(1) Les sous-officiers de remonte sont convoqués avec les candidats de la brigade de cavalerie du corps d'armée sur le territoire duquel ils sont employés ; ceux qui sont stationnés dans le Gouvernement militaire de Paris sont convoqués avec les candidats de la brigade de dragons de la 1re division de cavalerie.

Les sous-officiers employés dans les écoles (sous-officiers du cadre et sous-officiers appartenant à la 5e compagnie de remonte) sont convoqués, savoir : ceux de l'Ecole de cavalerie, avec les candidats de la 9e brigade de cavalerie ; ceux de l'Ecole militaire d'infanterie, avec la brigade de cavalerie dont le quartier général est à Niort ; ceux du Prytanée, avec la 4e brigade de cavalerie ;

Ils doivent y être rendus la veille du jour où commencent les examens et sont placés en subsistance dans un des corps de la garnison.

Le général de brigade désigne dans chacun des régiments placés sous ses ordres un capitaine pour surveiller les compositions.

Ces deux officiers sont en outre chargés de dresser le procès-verbal des séances.

Le Ministre adresse à tous les généraux de brigade, qui sont tenus de lui en faire la demande en *temps utile*, les sujets des compositions et le nombre nécessaire d'imprimés.

Art. 7. Les compositions comprennent :

1º Une dictée ;

2º Une composition sur un sujet d'histoire (cette composition est appréciée au double point de vue du style et de la connaissance du sujet) ;

3º Une composition sur un sujet de géographie ;

4º Résolution de problèmes d'arithmétique ;

5º Résolution de problèmes de géométrie.

Nota. — La composition d'histoire et la composition de géographie comportent toutes les deux l'exécution *facultative* d'un croquis, dont il est

---

ceux de l'Ecole supérieure de guerre, avec la brigade de dragons de la 1ʳᵉ division de cavalerie ; ceux de l'Ecole spéciale militaire et de l'Ecole de sous-officiers de l'artillerie et du génie, avec la brigade de cuirassiers de la même division ; enfin, ceux de l'Ecole d'application de l'artillerie et du génie, avec la brigade de cavalerie dont le quartier général est à Fontainebleau.

tenu compte dans la détermination de la note à attribuer à chacune de ces deux épreuves.

Art. 8. L'enveloppe renfermant chaque sujet de composition est décachetée par l'un des officiers délégués, en présence des candidats réunis.

Le procès-verbal de la séance doit constater si le cachet était intact.

Art. 9. Les compositions sont écrites sur des feuilles à en-tête imprimé envoyées du ministère. Chaque candidat y inscrit lisiblement son nom, son grade et son régiment, et signe à l'endroit indiqué avant de remettre son travail.

Art. 10. Il est accordé aux candidats :

1º Pour relire la dictée, *dix minutes ;*

2º Pour la composition d'histoire, *quatre heures ;*

3º Pour la composition de géographie, *quatre heures ;*

4º Pour les problèmes d'arithmétique, *deux heures ;*

5º Pour les problèmes de géométrie, *deux heures.*

Les compositions sont faites en deux journées, savoir :

Le premier jour : le matin, la dictée et la composition de géométrie ; le soir, la composition de géographie ;

Le lendemain (ou le surlendemain si le lendemain est un dimanche ou un jour férié) : le matin, la composition d'histoire ; le soir, la composition d'arithmétique.

Art. 11. Aux heures fixées, les officiers délégués recueillent les compositions. Elles sont immédiatement réunies après chaque épreuve dans une enveloppe qui est scellée et contresignée par eux, séance tenante, et envoyée le soir même au Ministre (2e *Direction, Bureau de la Cavalerie*), sous le même pli que le procès-verbal de chaque séance.

Art. 12. Les compositions sont corrigées au ministère par des officiers désignés par le Ministre.

Avant la remise des compositions aux correcteurs, la partie de chacune des feuilles sur laquelle se trouve le nom et la signature du candidat est détachée dans les bureaux du ministère. Les noms sont remplacés par des numéros d'ordre.

Les parties enlevées restent sous scellés.

Art. 13. Toute cote pour la dictée inférieure à 14 détermine à elle seule l'exclusion, qui atteint également tout candidat convaincu de fraude.

Art. 14. Dès que les corrections sont terminées, les compositions accompagnées d'un tableau d'ensemble indiquant les cotes attribuées à chacune d'elles sont retournées par les correcteurs au Ministre.

Délivrance es certificats d'instruction générale.

Art. 15. Le certificat d'instruction générale est délivré par le Ministre à tout candidat dont la somme des points obtenus aux examens donne un total général correspondant au moins à la note moyenne 13.

Dispositions spéciales à l'Algérie, à la Tunisie et au Sénégal.

Art. 16. Les candidats au certificat d'instruction générale appartenant à des corps ou fractions de corps employés en Algérie, en Tunisie et au Sénégal, subissent les examens dans les mêmes conditions que les candidats des corps d'armée de l'intérieur, sauf la modification indiquée ci-après :

Les épreuves ont lieu dans les localités déterminées, suivant le cas, par le général commandant le 19° corps d'armée, par le général commandant la division d'occupation de Tunisie ou par le gouverneur du Sénégal, d'après l'emplacement des troupes et la nature des communications. Dès que cette désignation est faite, il en est rendu compte au Ministre, afin que les sujets de composition et les imprimés nécessaires puissent être envoyés en temps utile.

Les compositions sont adressées au Ministre de la guerre dans les conditions déterminées à l'article 11 du présent arrêté, et leur correction a lieu conformément aux prescriptions des articles 12 et 13.

## TITRE II.

### ÉTABLISSEMENT DES PROPOSITIONS POUR LE GRADE DE SOUS-LIEUTENANT.

Art. 17. Chaque année, à l'époque de l'inspection générale, les chefs de corps établissent la liste des sous-officiers qui, comptant au moins deux ans de grade au 31 décembre de l'année courante et qui, ayant produit les justifications d'instruction générale déterminées à l'article 1er du présent arrêté, sont jugés susceptibles d'être proposés pour le grade de sous-lieutenant.

Cette liste est accompagnée de mémoires de proposition individuels (1) sur lesquels le chef de corps, le général de brigade et l'inspecteur général notent chaque candidat, au point de vue de la conduite, de la tenue, de la capacité, de l'aptitude au commandement et de l'équitation, et résument leur opinion dans une cote numérique, dite *note d'ensemble*, représentée par un nombre entier pris dans l'échelle de 0 à 20.

Art. 18. A l'arrivée de l'inspecteur général dans chaque régiment, les documents énoncés à l'article précédent lui sont remis par le général de brigade.

Après avoir examiné les candidats présentés par le chef de corps, l'inspecteur général arrête définitivement la liste de ceux qu'il propose pour le grade de sous-lieutenant et inscrit ses notes sur les mémoires de proposition établis en faveur de ceux dont il a accepté la candidature.

Il tient la main à ce que les points attribués à chaque sous-officier (y compris les majorations déterminées à l'article 33 ci-après) soient *inscrits et totalisés avec la plus rigoureuse exactitude*.

---

(1) Les formules pour l'établissement des mémoires de proposition sont fournies par le ministère de la guerre (2e *Direction, Bureau de la Cavalerie*).

Art. 19. L'inspecteur général extrait du livret d'inspection l'état de proposition et il l'adresse au Ministre (2° *Direction, Bureau de la Cavalerie*) avant le 20 août, terme de rigueur ; il y joint les mémoires de proposition et un extrait de l'acte de naissance de chacun des sous-officiers proposés pour la première fois.

Art. 20. Dès que l'inspection de chaque régiment, établissement de remonte ou école est terminée, l'inspecteur général adresse au général commandant le corps d'armée la liste des sous-officiers qu'il propose pour le grade de sous-lieutenant.

## TITRE III.

### EXAMEN D'INSTRUCTION PROFESSIONNELLE.

Art. 21. Les sous-officiers proposés pour le grade de sous-lieutenant par les inspecteurs généraux sont astreints à des épreuves ayant pour but de constater leur degré d'instruction professionnelle, théorique et pratique.

Art. 22. Deux commissions spéciales opérant, l'une à l'intérieur, l'autre en Algérie et en Tunisie, sont chargées de faire subir ces épreuves.

Art. 23. Chacune de ces commissions se compose de trois membres nommés par le Ministre de la guerre, savoir :

1 colonel ou lieutenant-colonel de cavalerie, *président ;*

2 chefs d'escadrons de cavalerie, membres.

Art. 24. Les examens portent sur les matières

mentionnées au titre Iᵉʳ, article 4 du règlement du 31 mai 1882, sur les exercices de la cavalerie (instruction des sous-officiers).

Art. 25. Les examens d'instruction professionnelle commencent simultanément en France et en Afrique à la date fixée par le Ministre, qui détermine en même temps les divers centres d'examen.

Art. 26. Le président de chacune des commissions fait connaître, par le télégraphe, *au moins quatre jours à l'avance*, à chacun des commandants de corps d'armée intéressés, la date à laquelle la commission arrivera dans la ville, centre d'examen indiqué.

Art. 27. Les candidats convoqués par leur commandant de corps d'armée respectif au moyen des listes qui lui ont été adressées par l'inspecteur général en conformité des dispositions de l'article 20 ci-dessus (1) sont mis en route de manière à être rendus à destination la veille du jour fixé pour le commencement des examens.

Pendant la durée des épreuves, ils sont placés en subsistance dans un des corps de la garnison désigné par le général commandant la région.

---

(1) Lorsque, à la date fixée pour l'ouverture des examens, l'inspecteur général n'a pas terminé ses opérations dans un corps, école ou établissement de remonte, le commandant de ce corps, école ou établissement, adresse directement au général commandant le corps d'armée la liste des sous-officiers qu'il présente pour le grade de sous-lieutenant, sauf élimination ultérieure par l'inspecteur général.

Art. 28. Dans chaque centre, le tour d'examen des sous-officiers est déterminé par le sort.

A cet effet, il est procédé, avant le commencement des épreuves, à un tirage, auquel les candidats sont appelés à prendre part dans l'ordre alphabétique, sans distinction de corps d'armée.

Le président tire pour les sous-officiers qui n'assistent pas au tirage.

Les questions pour l'examen théorique sont tirées au sort.

Les chevaux à affecter à chacun des candidats sont également désignés par la voie du sort sur l'ensemble de ceux mis à la disposition de la commission.

La commission exclut à la majorité des voix tous ceux qui ne se présentent pas à leur tour d'examen, saufs motifs valables, qu'elle apprécie sans appel.

Lorsqu'un candidat, faisant valoir une excuse légitime, demande à subir les épreuves d'instruction professionnelle dans un centre autre que celui dans lequel il aurait été ou dû être convoqué, il en est rendu compte d'*urgence* au Ministre, qui assigne, s'il y a lieu, à ce candidat, un autre centre d'examen.

Art. 29. Sur la demande du président de la commission, les commandants d'armes mettent à sa disposition, dans chaque centre, le nombre d'hommes et de chevaux nécessaires et désignent les locaux et terrains à affecter aux examens d'instruction théorique et pratique.

Art. 30. Les notes d'instruction professionnelle théorique et pratique sont représentées chacune par un nombre entier pris dans l'échelle de 0 à 20.

Art. 31. Immédiatement après la clôture des opérations dans chaque centre, le président de la commission en fait connaître les résultats au Ministre, qui fait transcrire les notes d'instruction professionnelle sur le mémoire de proposition de chacun des candidats.

Dispositions spéciales aux sous-officiers de l'escadron de spahis détaché au Sénégal.

Art. 32. A titre exceptionnel, l'instruction professionnelle des sous-officiers de l'escadron de spahis détaché au Sénégal, proposés pour le grade de sous-lieutenant, est constatée par l'inspecteur général, qui inscrit lui-même les notes sur les mémoires de proposition de chacun de ces candidats,

## TITRE IV.

### COEFFICIENTS ATTRIBUÉS AUX DIVERS ÉLÉMENTS D'APPRÉCIATION ET MAJORATIONS.

Art. 33. Les coefficients attribués aux divers éléments d'appréciation sont ainsi fixés :

## 1° COEFFICIENTS.

### Note d'ensemble.

| | | | |
|---|---|---|---|
| Conduite, tenue, capacité, aptitude au commandement, équitation............... | Note du chef de corps ou de service............ | 5 | |
| | Note du général de brigade............... | 5 | 20 |
| | Note de l'inspecteur général............... | 10 | |

(A défaut de note du général de brigade, celle du chef de corps ou de service a pour coefficient 8 et celle de l'inspecteur général 12.)

### Instruction générale.

| | | |
|---|---|---|
| Dictée........................ | 5 | |
| Histoire........................ | 8 | |
| Géographie........................ | 6 | 30 |
| Arithmétique........................ | 6 | |
| Géométrie et topographie............... | 5 | |

100

### Instruction militaire.

| | | | |
|---|---|---|---|
| Théorie.. | Règlement d'exercices............... | 4 | |
| | Service en campagne............... | 3 | |
| | Service intérieur............... | 2 | |
| | Service des places............... | 2 | 18 |
| | Hippologie et hygiène des chevaux.... | 3 | |
| | Topographie et lecture des cartes..... | 2 | |
| | Notions d'administration et de comptabilité............... | 2 | |
| Pratique. | Règlement d'exercices............... | 12 | |
| | Service en campagne............... | 10 | 32 |
| | Équitation........................ | 10 | |

## 2° MAJORATIONS.

1o Toute année complète de grade de sous-offic er à la date du 31 décembre de l'année de la proposition, en excédent des deux années exigées, donne droit à une majoration de dix points....... 10

(Cette majoration ne peut, toutefois, excéder cinquante points.)

2o Toute campagne, autre que les campagnes en Algérie et en Tunisie, donne droit à une majoration de dix points............. 10

Ces dernières ne donnent droit qu'à une majoration de cinq points ..................................................... 5

(Les campagnes sont toujours comptées simples.)

3o Toute blessure reçue à l'ennemi, toute citation donne droit à une majoration de dix points................................. 10

(Plusieurs blessures reçues dans une même affaire ne sont comptées que pour une seule.)

4o Tout sous-officier qui, au 30 septembre de l'année du concours, a occupé pendant un an au moins l'emploi de maréchal des logis chef, a droit aux majorations suivantes :

Pour une année complète, vingt-cinq points................... 25

Pour chacune des années suivantes, complète, dix points........ 10

(Aucune majoration spéciale n'est attachée au grade d'adjudant; néanmoins, les sous-officiers de ce grade comptent les majorations acquises dans l'emploi de maréchal des logis chef.)

5o Tout sous-officier rengagé pour deux ans, et dont le rengagement sera devenu effectif au 1er juillet de l'année du concours, a droit à une majoration de vingt-cinq points..................... 25

Tout sous-officier rengagé pour cinq ans, et dont le rengagement sera devenu effectif au 1er juillet de l'année du concours, a droit à une majoration de cinquante points........  ......  ............... 50

(La majoration pour rengagement ne peut, dans aucun cas, dépasser cinquante points, quel que soit le chiffre des rengagements contractés.)

6o Tout sous-officier décoré de la médaille militaire a droit à une majoration de vingt points.......................... 20

Tout sous-officier décoré de la Légion d'honneur a droit à une majoration de quarante points......................... 40

(Ces deux majorations peuvent se cumuler.)

NOTA. — Il ne sera tenu compte, dans aucun cas, des points de majoration excédant le chiffre de cent cinquante (150).

Ces nouvelles dispositions commenceront à recevoir leur application pour le concours de 1890.

## TITRE V.

### CLASSEMENT DES CANDIDATS.

Art. 34. Dès que tous les résultats des examens d'instruction professionnelle sont parvenus, le Ministre fait procéder par les soins d'une commission spéciale au classement général des candidats d'après le nombre total des points relevés sur le mémoire de proposition (1).

---

(1) Voir le décret du 2 juin 1888, page 611, réglant le mode de classement des officiers proposés pour l'avancement.

Art. 35. A égalité de points, l'ancienneté dans le grade de sous-officier donne la priorité.

Art. 36. Le Ministre de la guerre fixe, chaque année, le nombre des sous-officiers à admettre, d'après l'ordre de classement, à suivre les cours de la division des élèves-officiers de l'Ecole d'application de cavalerie.

Les noms des sous-officiers définitivement admis sont portés à la connaissance des généraux gouverneurs militaires et commandants de corps d'armée qui les notifient aux chefs de corps intéressés.

## TITRE VI.

DISPOSITIONS SPÉCIALES AUX SOUS-OFFICIERS PROPOSÉS POUR LES EMPLOIS DE SOUS-LIEUTENANT ADJOINT AU TRÉSORIER ET DE SOUS-LIEUTENANT PORTE-ÉTENDARD.

Art. 37. Les sous-officiers *rengagés pour cinq ans* ayant fait preuve de dispositions particulières pour la comptabilité peuvent être proposés spécialement pour les emplois de sous-lieutenant adjoint au trésorier et de sous-lieutenant porte-étendard.

Les candidats à ce dernier emploi sont choisis exclusivement parmi les sous-officiers comptant au moins sept ans de service au 31 décembre de l'année de la proposition.

Art. 38 (1). Les candidats aux emplois de

----

(1) Article modifié par note du 11 juillet 1888, page 22.

sous-lieutenant comptable sont soumis aux mêmes épreuves que les autres sous-officiers proposés pour le grade de sous-lieutenant et les subissent dans les mêmes conditions. Ils sont, en outre, notés, au point de vue des connaissances administratives, par le sous-intendant militaire chargé de la surveillance administrative du corps.

Cette note, dont le coefficient est fixé à 10, est exprimée par un nombre entier pris dans l'échelle de 0 à 20.

Le produit de cette note par le coefficient qui lui est affecté donne un certain nombre de points qui s'ajoutent au total des points obtenus dans les autres épreuves.

Le sous-intendant inscrit, en outre, sur le mémoire de proposition, son appréciation sommaire sur la valeur du candidat au point de vue administratif.

Art. 39. Les sous-officiers de cette catégorie font l'objet d'un classement distinct établi par la commission visée à l'article 34.

A la suite de ce classement, le Ministre fixe le nombre de candidats à inscrire au tableau spécial d'avancement au grade et à l'emploi de sous-lieutenant adjoint au trésorier et de sous-lieutenant porte-étendard. Les candidats sont portés au tableau dans l'ordre déterminé par leur ancienneté de grade de sous-officier.

Art. 40. Les sous-officiers classés pour les emplois spéciaux sont dispensés de suivre les cours de l'Ecole d'application de cavalerie. Ils sont maintenus à leurs corps et dans leur emploi jusqu'à l'époque de leur promotion au grade de sous-lieutenant adjoint au trésorier ou porte-étendard.

Art. 41. Les sous-officiers promus sous-lieutenants dans ces conditions ne peuvent ultérieurement prétendre à un emploi d'officier d'escadron que si leur aptitude au service actif a été constatée par l'inspecteur général.

Paris, le 5 avril 1886.

*Le Ministre de la guerre,*
Signé : G^al BOULANGER.

MINISTÈRE
DE LA GUERRE.

2ᵉ DIRECTION.
CAVALERIE.

1ᵉʳ BUREAU.

ANNEXE.

## RÉPUBLIQUE FRANÇAISE.

# CERTIFICAT D'INSTRUCTION GÉNÉRALE.

**PAR ORDRE DU MINISTRE DE LA GUERRE,**

Le                    directeur certifie qu'il résulte des documents déposés au ministère de la guerre, que le sieur (1)

(2)

(3)

a satisfait aux épreuves prescrites par l'arrêté ministériel du 5 avril 1886 pour l'obtention du certificat d'instruction générale.

En foi de quoi, le présent certificat lui a été délivré pour servir et valoir ce que de droit.

A Paris, le                              18

(1) Nom et prénoms.
(2) Grade et emploi.
(3) Corps.

Paris et Limoges. — Imp. milit. Henri CHARLES-LAVAUZELLE.